淵上毛錢の詩による女声合唱組曲

約 束

淵上毛錢 作詩
瑞慶覧尚子 作曲

カワイ出版

「生きた・臥た・書いた」の詩人

この作品は、熊本県立第一高等学校合唱団より委嘱され、平成18年から平成21年にかけて作曲しました。いずれの曲もコンクールという難しい舞台での初演でしたが、第一高校の皆さんの真摯な演奏で素晴らしいものとなりました。この度、４年の歳月を経て、この作品が出版の運びとなりましたことを心より嬉しく思っております。

水俣の詩人「淵上毛錢」のことを、詩集の編者でおられる前山光則氏は次のように記しています。「淵上毛錢は大正４年水俣市に生まれる。６人兄弟の４番目。幼少の頃からたいへん早熟で元気良く悪童（わんぱく）であった。音楽好きで十代半ばからはチェロに熱中。悪童ぶりは十代後半もおさまらず、東京へ出て寄席の下足番、新聞配達、波止場の人夫、ダンスホールのバンド等、種々の仕事を転々としながら放浪の生活を送った。（中略）

20歳で結核性股関節炎を患って帰郷。病気は進行し、やがて水俣の自宅に寝た切りの生活となる。病気に苦しむ日々が続いたが、姉や主治医から短歌・俳句等を作ることを勧められ、それまで眠っていた文学的才能が徐々に開花した。病床において旺盛に詩作に励むが、昭和25年、35歳の若さで亡くなった。」（熊本第一高校合唱団第28回定期演奏会プログラムノートより）

毛錢の詩は、生きている喜びや悲しみ、彼を育んだ水俣の自然を大らかにうたいあげています。長い闘病生活を送りながら書いたとは思えない力強い詩もあれば、常に死と隣り合わせの毛錢だからこそ書けた詩もあります。

「生きた・臥た・書いた」と毛錢の墓石に刻まれているように、毛錢は35年の人生を懸命に生き抜いた詩人といえるでしょう。今の時代に思い起こさなければいけない大切なことを、わたくしは毛錢から学んだ気がします。

作品を作曲するにあたり、毛錢詩集の編者でいらっしゃいます前山光則先生には、大変お世話になりました。また毛錢の取材の際には水俣市東福寺の萩嶺様ご夫妻、書家の渕上清園先生、そのほか毛錢ゆかりの方々に多大なご協力をいただきました。この場をおかりしまして御礼申し上げます。

第一高校合唱団のみなさんは、一年一年コンクールという難しい舞台で堂々と伸びやかに、この作品を歌ってくださいました。毛錢のもつ生命力と繊細さに共感をもって。

この４年間、合唱団の皆さんとはとてもいい交流ができました。このような素敵な機会を与えてくださいました指揮の松本強一先生、ピアニストの林原ゆりさん、に深く御礼申し上げたいと思います。

最後に、この作品に深い理解を示してくださり出版のご尽力をいただいたカワイ出版の牧野さえ子さんに心よりの感謝を。

忘れかけている大切なものを、たくさんの人々に。

2009年 秋

瑞慶覧尚子

〔演奏にあたって〕

各曲のそれぞれのパートの人数は、全体の人数や状態によりバランスがよくなるように、そのつど調整をして下さい。

淵上毛錢の詩による女声合唱組曲

約 束

●全曲の演奏時間＝約15分

委 嘱／合 唱：熊本県立第一高等学校合唱団　　指 揮：松本強一

《無 門》

演奏記録：2007年10月27日
岩手県民会館大ホール
『第60回 全日本合唱コンクール全国大会』
＜高等学校部門Bグループ・金賞＞

《野 原》《暮 情》

初　演：2009年3月28日
熊本県立劇場コンサートホール
『熊本県立第一高校合唱団　第28回 定期演奏会』

《再 生》

演奏記録：2006年10月28日
大宮ソニックシティ大ホール
『第59回 全日本合唱コンクール全国大会』
＜高等学校部門Bグループ・銀賞＞

《約 束》

演奏記録：2008年10月25日
アルファあなぶきホール（香川県県民ホール）大ホール
『第61回 全日本合唱コンクール全国大会』
＜高等学校部門Bグループ・銅賞＞
ピ ア ノ：林原ゆり

無　門

淵上毛錢　作詩
瑞慶覧尚子　作曲

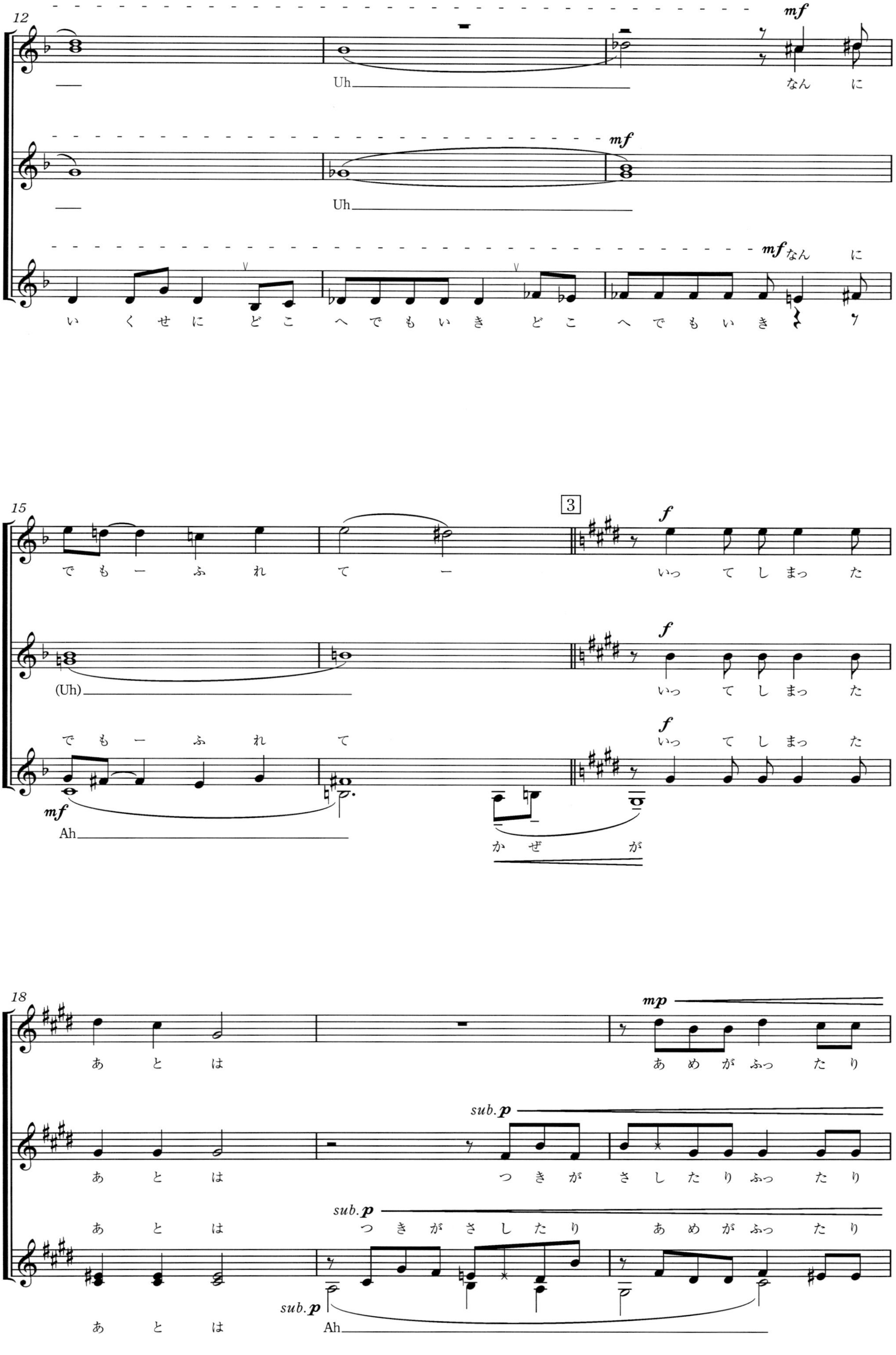
12
mf
Uh
なん に
Uh
い く せ に ど こ へ で も い き ど こ へ で も い き
なん に
15
3
f
で も ー ふ れ て ー
いっ て し まっ た
(Uh)
で も ー ふ れ て
mf
Ah
か ぜ が
18
mp
あ と は
あ め が ふっ た り
sub. p
つ き が さ し た り ふっ た り
あ と は
つ き が さ し た り あ め が ふっ た り
Ah

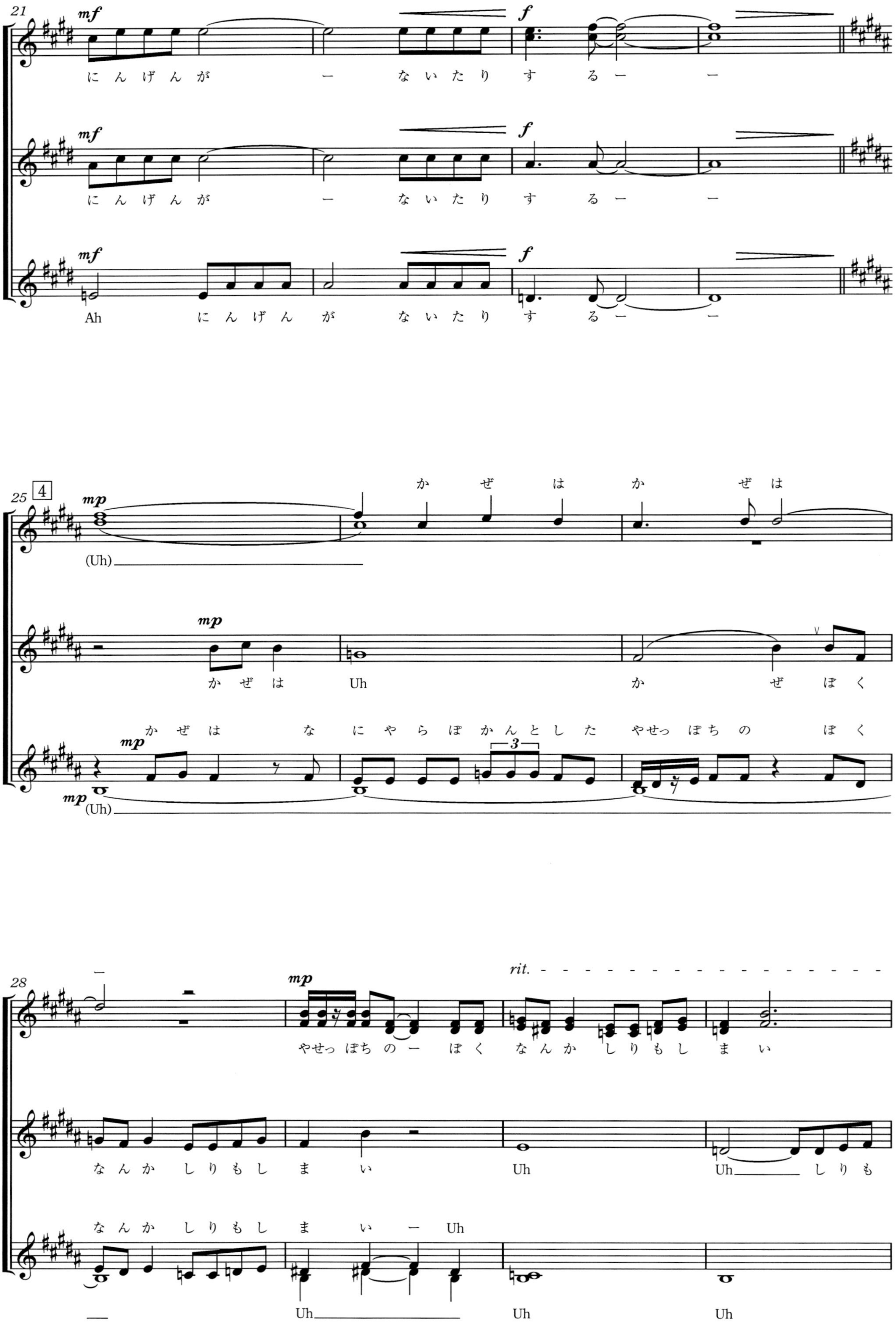
21
mf
にんげんが ー ないたり する ー ー
mf
にんげんが ー ないたり する ー ー
mf
Ah にんげんが ないたり する ー ー
f
25
4
mp
(Uh)
かぜは かぜは
かぜは Uh か ぜ ぼく
かぜは なにやらぽかんとした やせっぽちの ぼく
(Uh)
28
rit.
やせっぽちの ー ぼく なんか しりもし まい
なんか しりもし まい Uh Uh しりも
なんか しりもし まい ー Uh
Uh Uh Uh

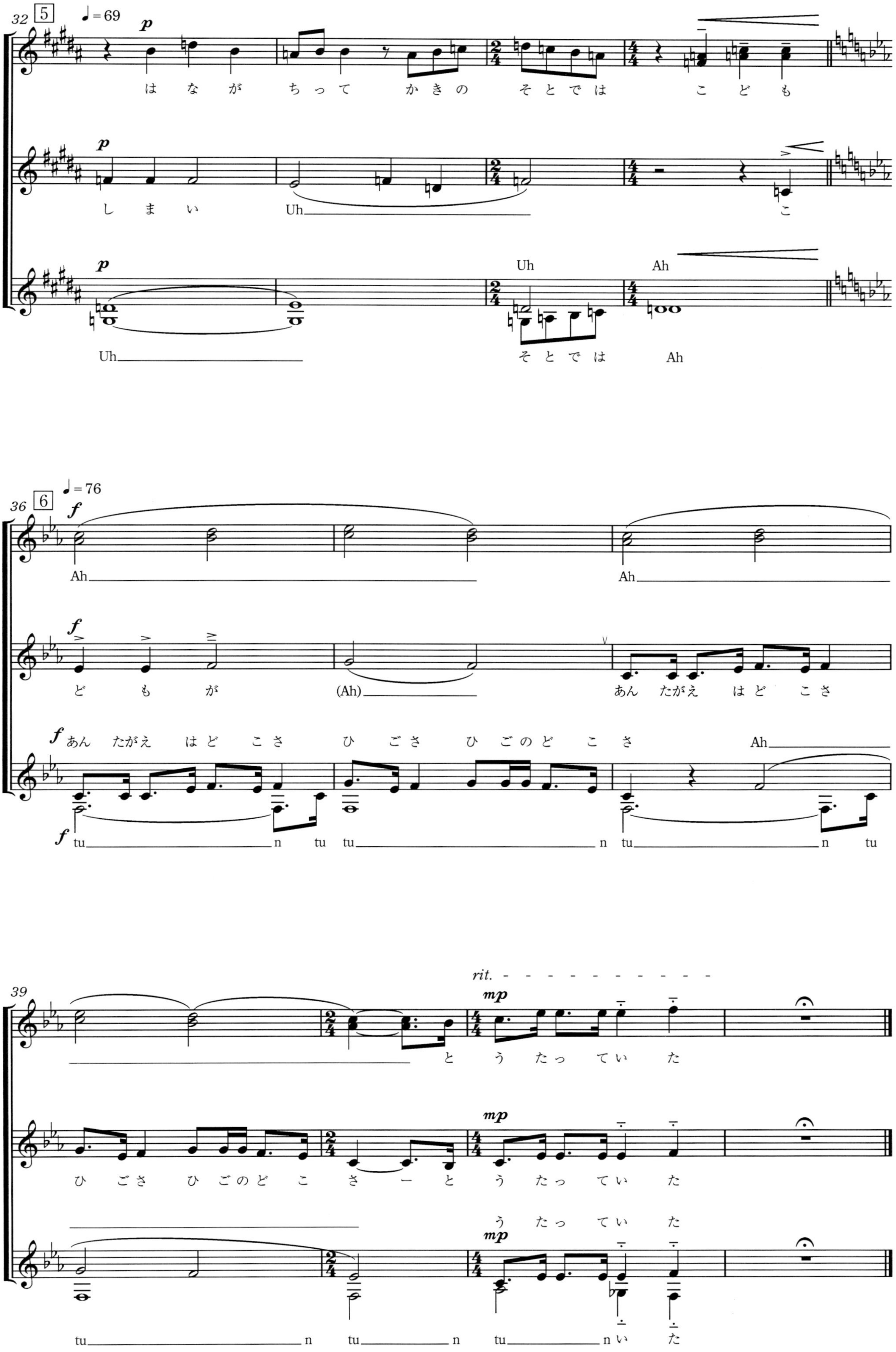
32
5
♩=69
p
はながちってかきのそとではこども
p
しまい
Uh
こ
p
Uh
Ah
Uh
そとでは
Ah
36
6
♩=76
f
Ah
Ah
f
どもが
(Ah)
あんたがえはどこさ
f あんたがえはどこさひごさひごのどこさ
Ah
f tu
n tu
tu
n
tu
n tu
39
rit.
mp
とうたっていた
mp
ひごさひごのどこさーとうたっていた
うたっていた
mp
tu
n
tu
n
tu
n
いた

野　原

淵上毛錢　作詩
瑞慶覧尚子　作曲

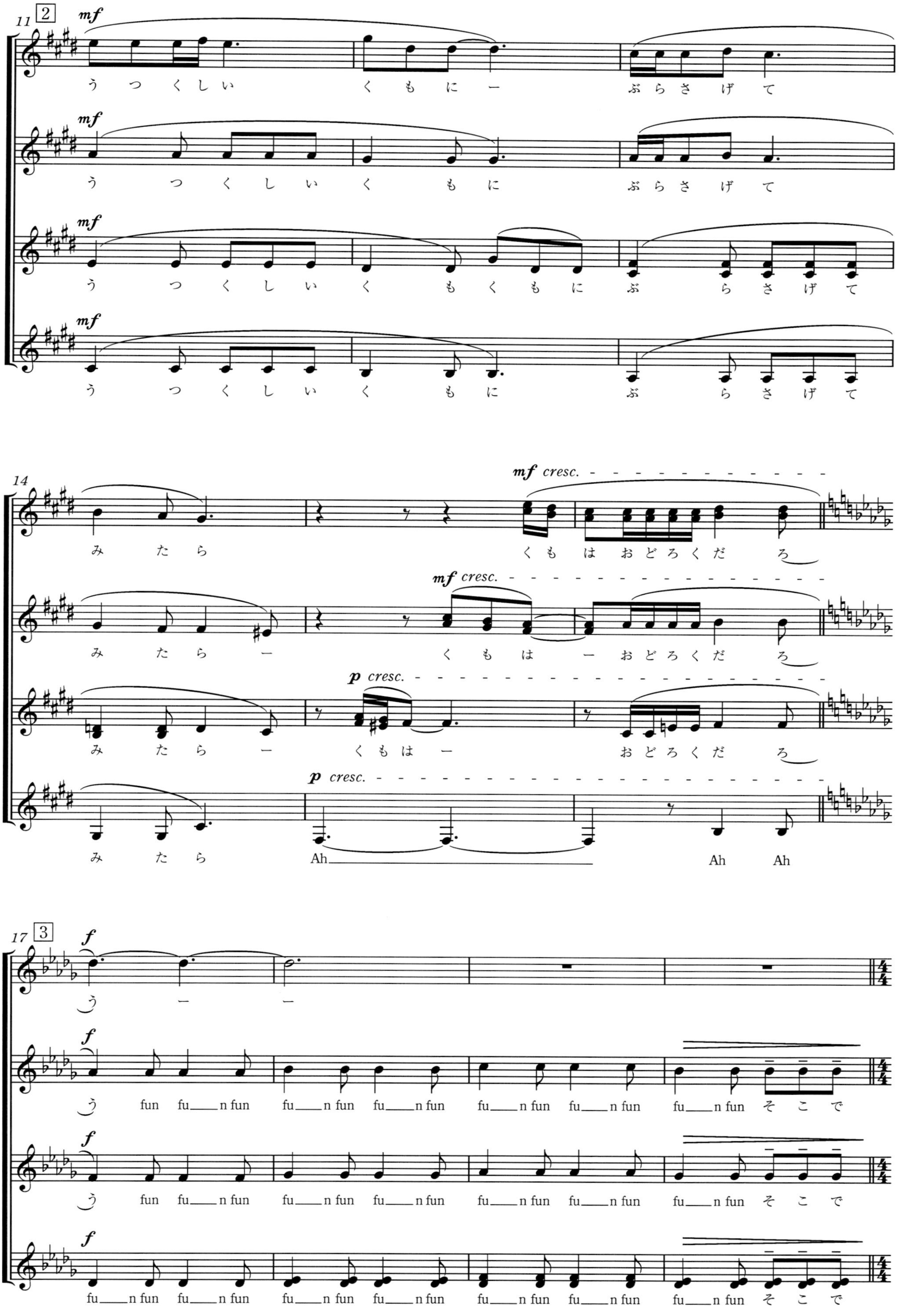
11
2
mf
う つ く し い く も に ー ぶ ら さ げ て
mf
う つ く し い く も に ぶ ら さ げ て
mf
う つ く し い く も く も に ぶ ら さ げ て
mf
う つ く し い く も に ぶ ら さ げ て
14
mf cresc.
み た ら く も は お ど ろ く だ ろ
mf cresc.
み た ら ー く も は ー お ど ろ く だ ろ
p cresc.
み た ら ー く も は ー お ど ろ く だ ろ
p cresc.
み た ら Ah Ah Ah
17
3
f
う ー ー
f
う fun fu n fun fu n fun fu n fun fu n fun fu n fun fu n fun そ こ で
f
う fun fu n fun fu n fun fu n fun fu n fun fu n fun fu n fun そ こ で
f
fu n fun fu n fun fu n fun fu n fun fu n fun fu n fun fu n fun そ こ で

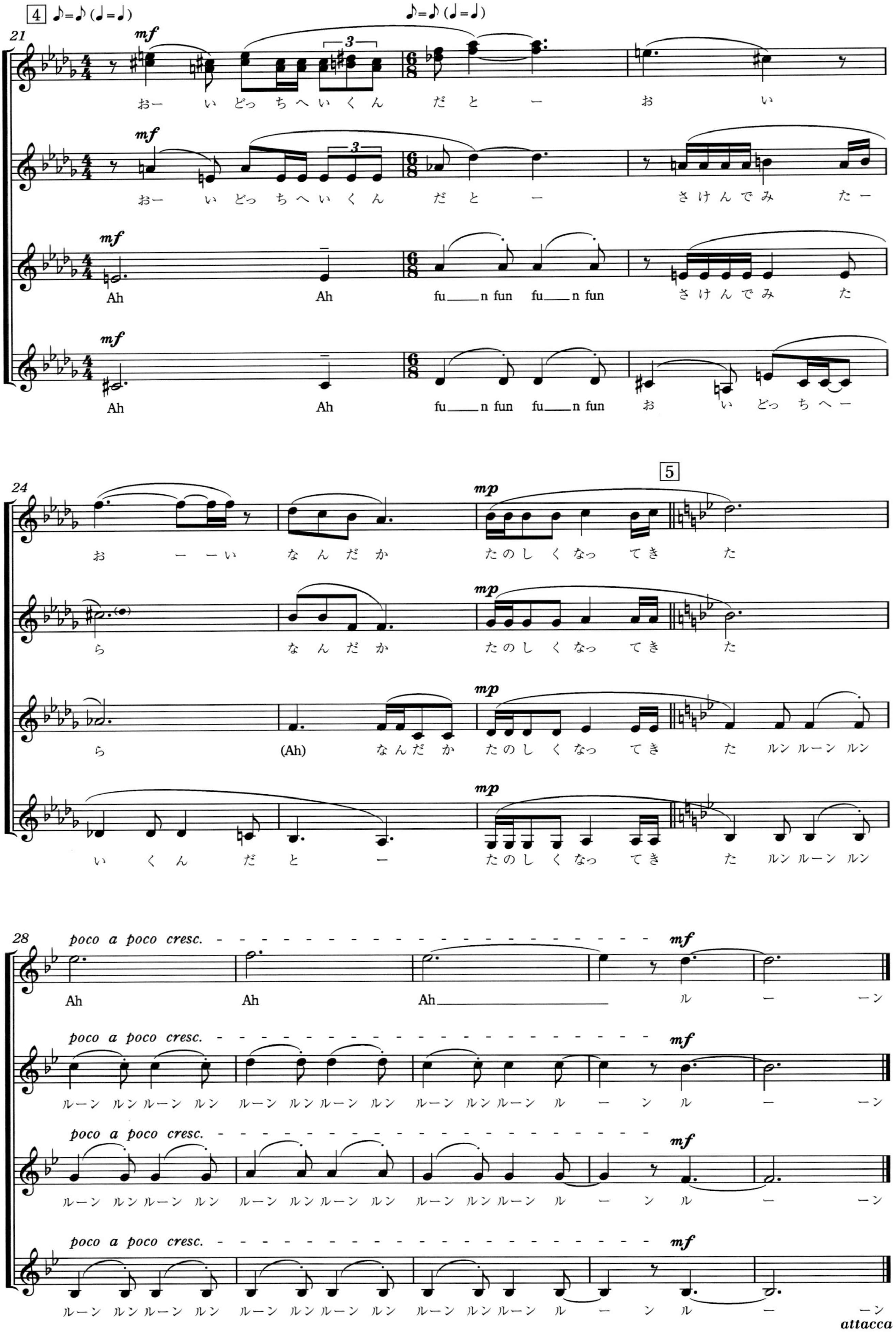
4 ♪=♪ (♩=♩)
♪=♪ (♩=♩)
21
mf
おー い どっ ち へ い く ん だ と ー お い
mf
おー い どっ ち へ い く ん だ と ー さ け ん で み たー
mf
Ah Ah fu n fun fu n fun さ け ん で み た
mf
Ah Ah fu n fun fu n fun お い どっ ち へー
24
5
mp
お ー ーい な ん だ か た の し く なっ て き た
mp
ら な ん だ か た の し く なっ て き た
mp
ら (Ah) な ん だ か た の し く なっ て き た ルン ルーン ルン
mp
い く ん だ と ー た の し く なっ て き た ルン ルーン ルン
28
poco a poco cresc.
mf
Ah Ah Ah ル ー ーン
poco a poco cresc.
mf
ルーン ルン ルーン ルン ルーン ルン ルーン ルン ルーン ルン ルーン ル ー ン ル ー ーン
poco a poco cresc.
mf
ルーン ルン ルーン ルン ルーン ルン ルーン ルン ルーン ルン ルーン ル ー ン ル ー ーン
poco a poco cresc.
mf
ルーン ルン ルーン ルン ルーン ルン ルーン ルン ルーン ルン ルーン ル ー ン ル ー ーン
attacca

暮情

淵上毛錢　作詩
瑞慶覧尚子　作曲

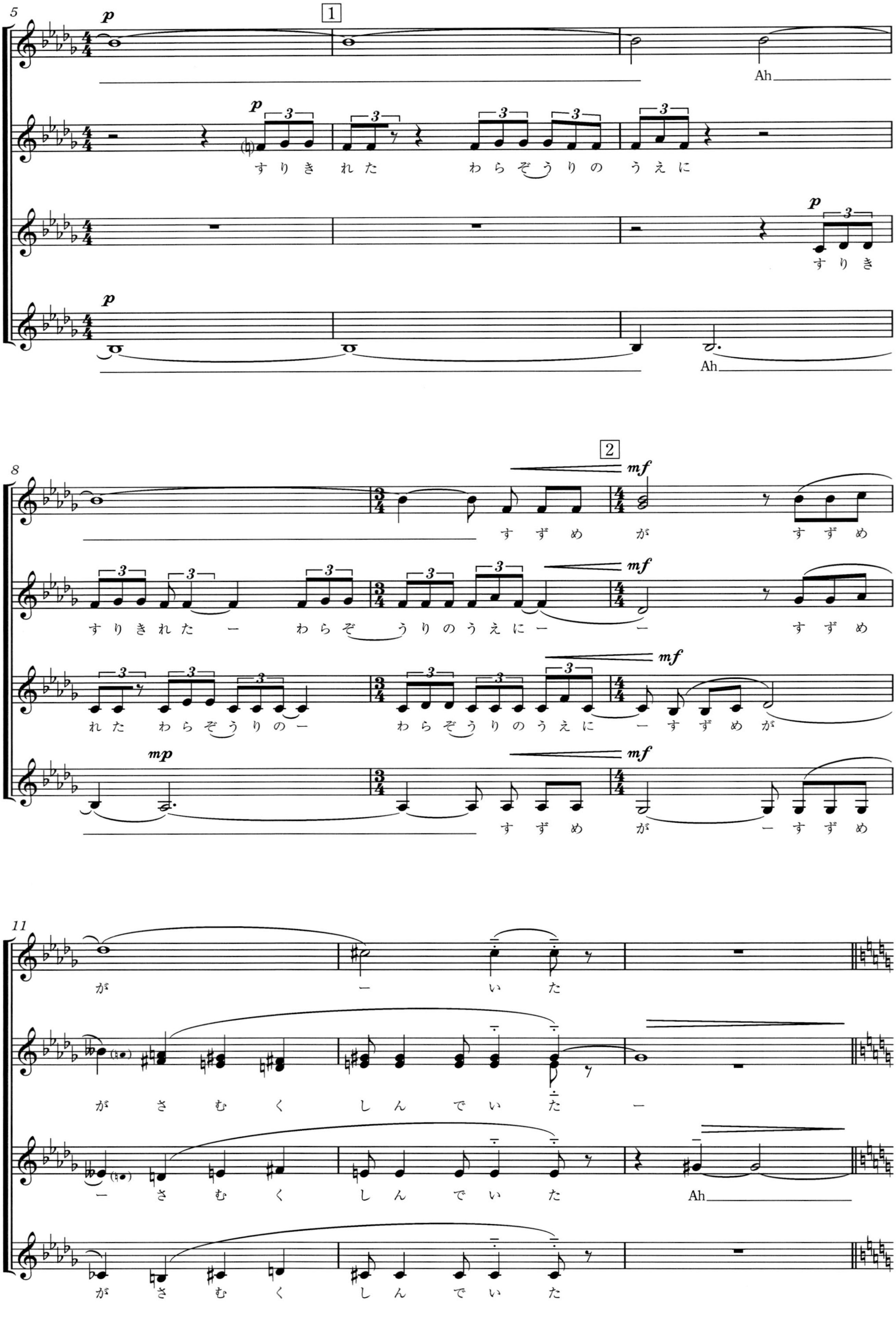

Ah
すりきれた　わらぞうりの　うえに
すりき
Ah
すずめ　が　すずめ
すりきれたー　わらぞうりのうえにー　ー　すずめ
れた　わらぞうりのー　わらぞうりのうえに　ーすずめが
すずめ　が　ーすずめ
が　ー　いた
がさむく　しんでいたー
ーさむく　しんでいた　Ah
がさむく　しんでいた

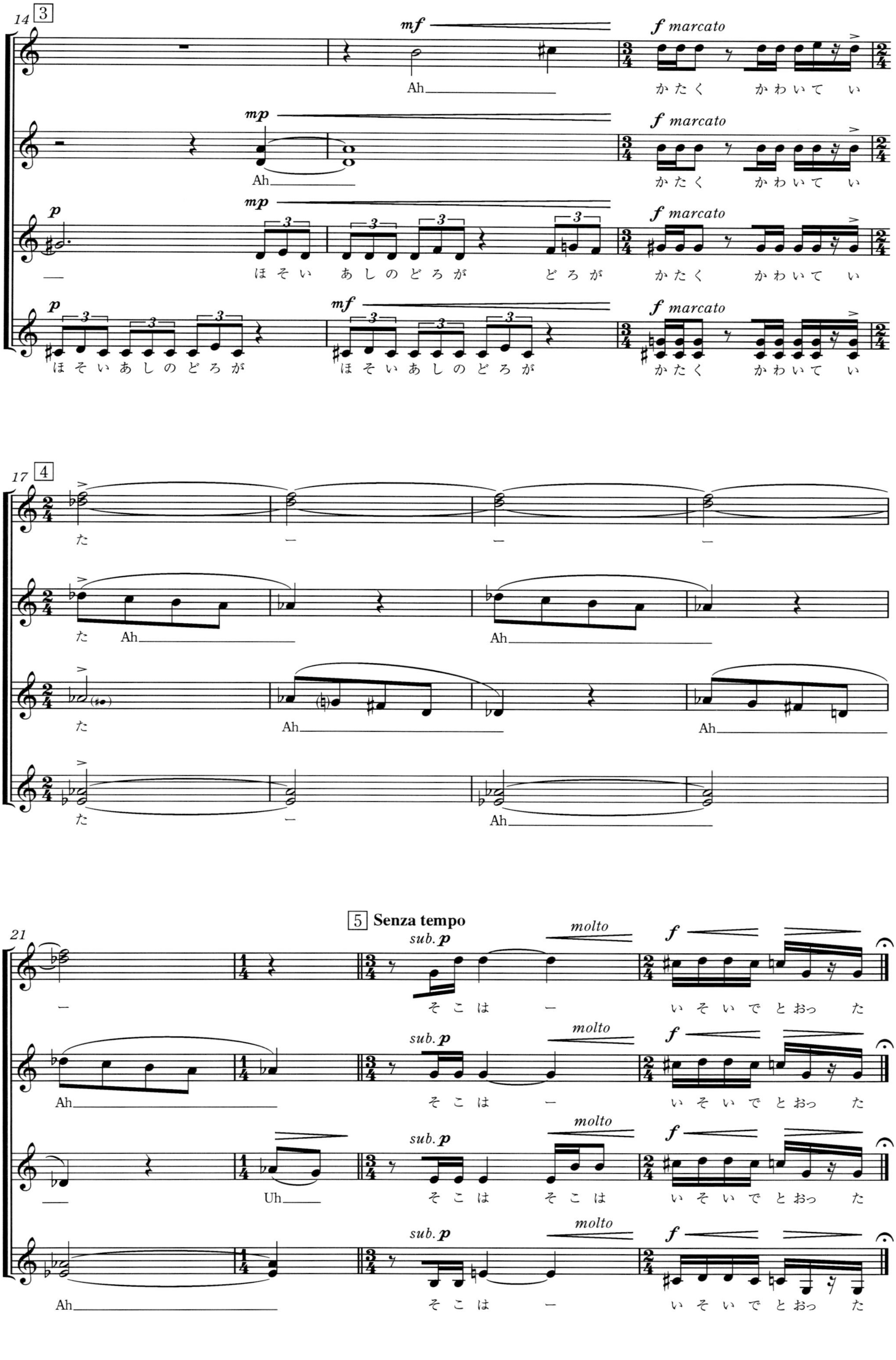
3
mf
mp
p
f marcato
Ah
ほ そ い あ し の ど ろ が
ど ろ が
か た く か わ い て い
4
た Ah
た ー ー ー
5 Senza tempo
sub. p
molto
f
Uh
そ こ は ー
そ こ は そ こ は
い そ い で と おっ た

再　生

淵上毛錢　作詩
瑞慶覧尚子　作曲

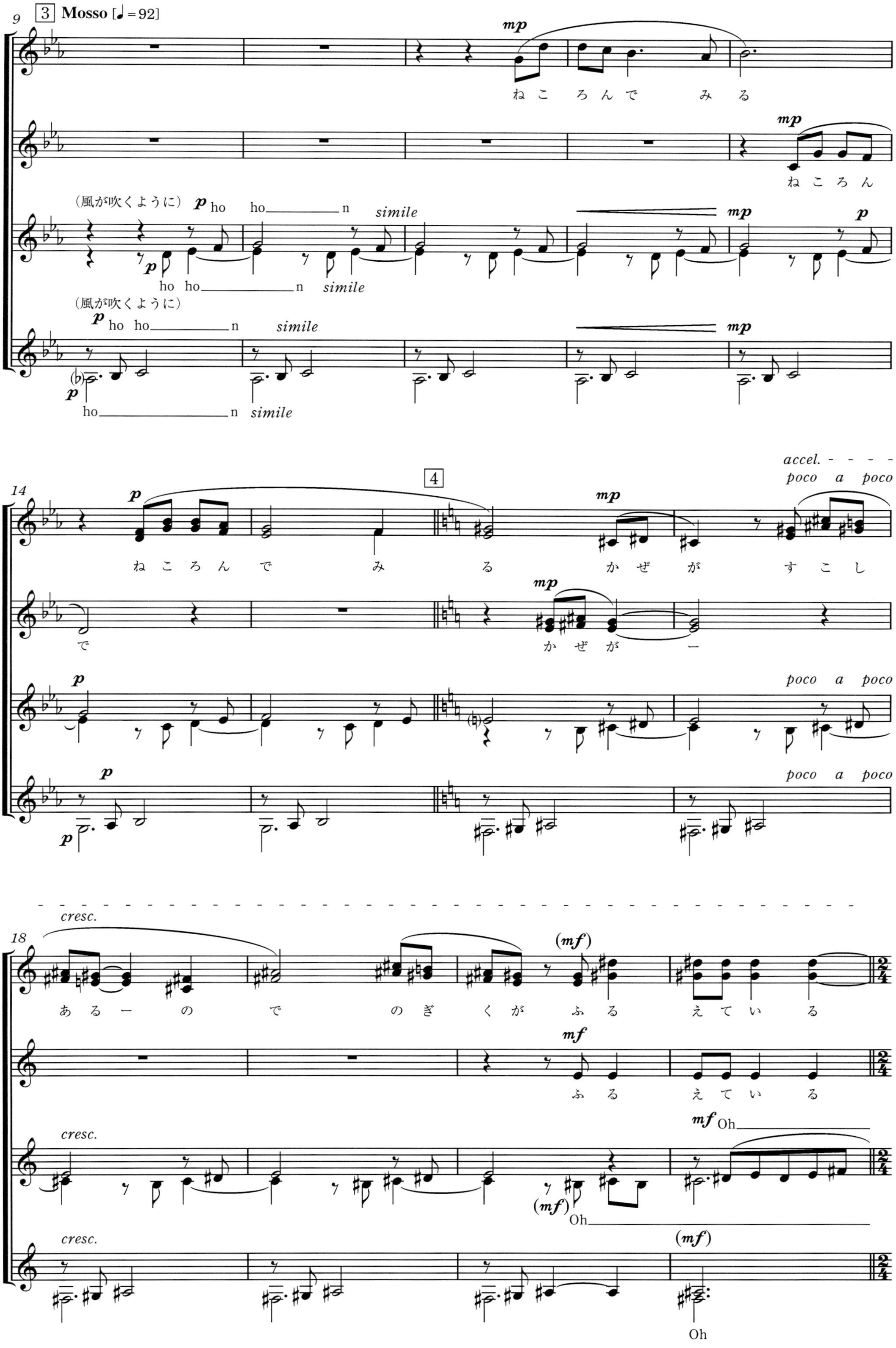
3 Mosso [♩=92]
ねころんでみる
ねころん
(風が吹くように) ho ho n simile
ho ho n simile
(風が吹くように) ho ho n simile
ho n simile
4
accel.
poco a poco
ねころんでみる
かぜがすこし
で
かぜがー
cresc.
あるーのでのぎくがふるえている
ふるえている
Oh
Oh
Oh

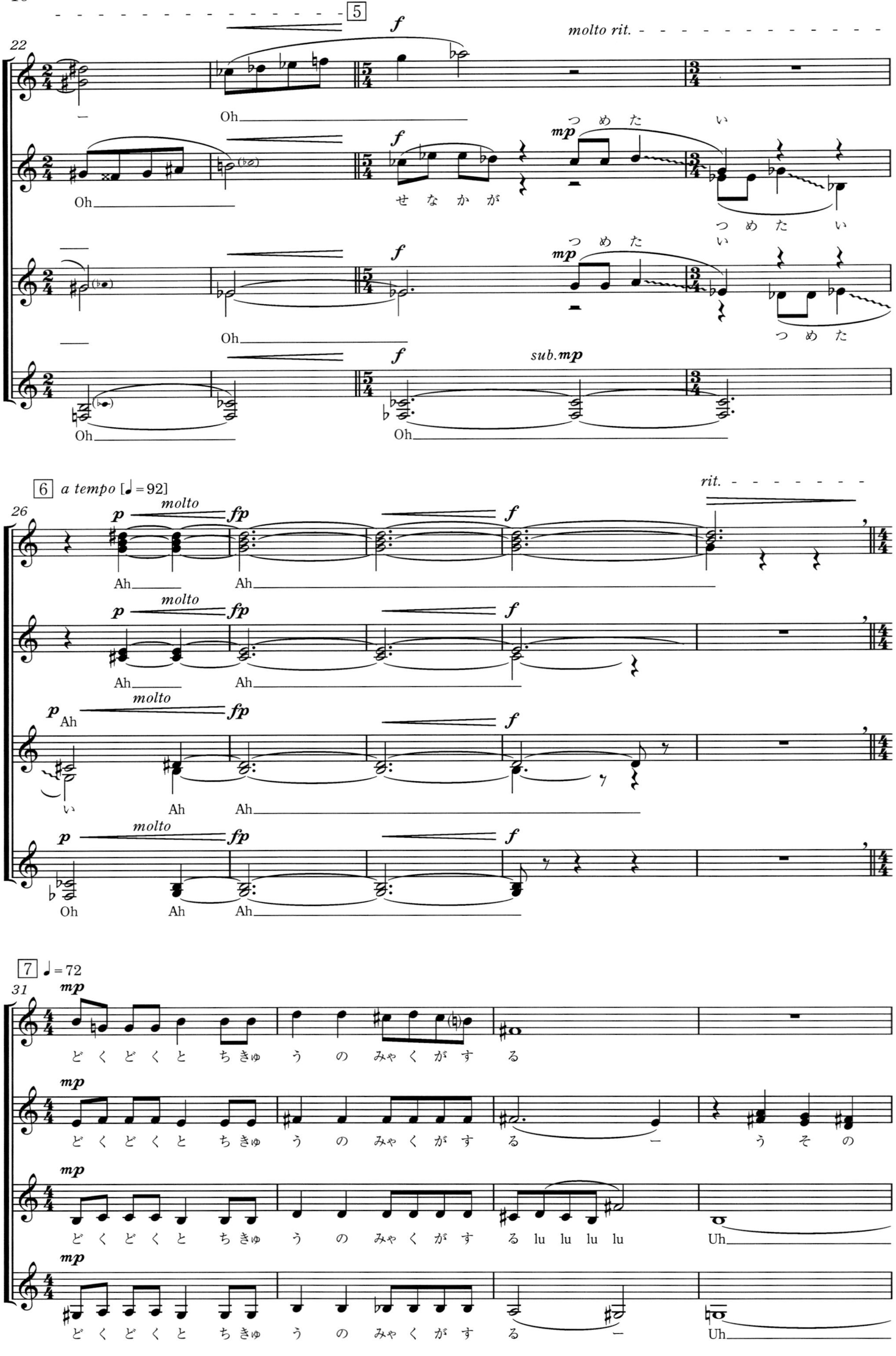
5
molto rit.
Oh
Oh
せ な か が
つ め た い
つ め た い
sub.mp
6 a tempo [♩=92]
rit.
molto
Ah
Ah
い
Oh
7 ♩=72
ど く ど く と ち きゅ う の みゃ く が す る
ど く ど く と ち きゅ う の みゃ く が す る ー う そ の
ど く ど く と ち きゅ う の みゃ く が す る lu lu lu lu Uh
ど く ど く と ち きゅ う の みゃ く が す る ー Uh

35
8
mf poco
ぼくを
mp
poco a poco cresc.
ないおひさまが うそのないおひさまが
p
mp poco a poco cresc.
ぼくをとかして しまいそうだー ぼくをとかして
p
mp poco a poco cresc.
ぼくをとかしてしまい
39
a poco cresc.
9
ff
とかして とかして とかして しまいそうだーとかして
ぼくをとかして しまいそうだ とかして とかして
しまいそうだ ぼくを とかしてしまいそうだー とかして
そうだ ぼくを とかしてとかして
43
molto
mp
Senza tempo
rit.
mf
p
なにもかもが ぼくのこころを きいてい

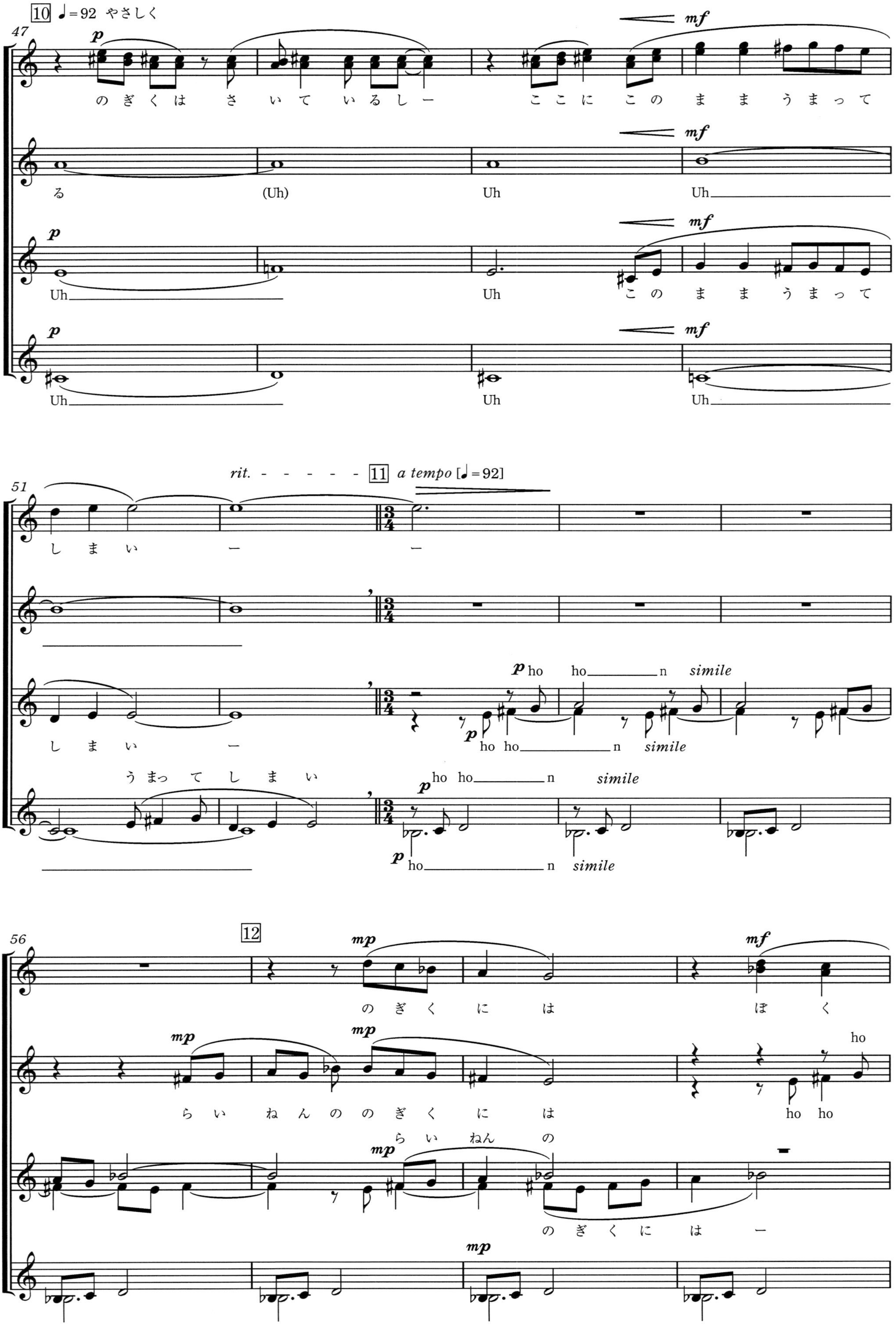
10 ♩=92 やさしく
47
p
のぎくは さいて いるしー ここに この まま うまって
mf
る (Uh) Uh Uh
Uh Uh
このままうまって
Uh Uh Uh
rit. - - - - - 11 a tempo [♩=92]
51
しまい ー ー
p ho ho n simile
しまい ー
p ho ho n simile
うまってしまい
p ho ho n simile
p ho n simile
56
12
mp
のぎくには ぼく
mf
ho
らいねんののぎくには
ho ho
らいねんの
のぎくには ー

［註］ 13 からのSop.以外の母音唱は(Uh→Oh→Ah→Oh→Uh→B.O.)
自然に移行する

約 束

淵上毛錢　作詩
瑞慶覧尚子　作曲

［注］42小節までのピアノ伴奏はあくまでガイドであり、ア・カペラ可能な団体はカットして下さい。

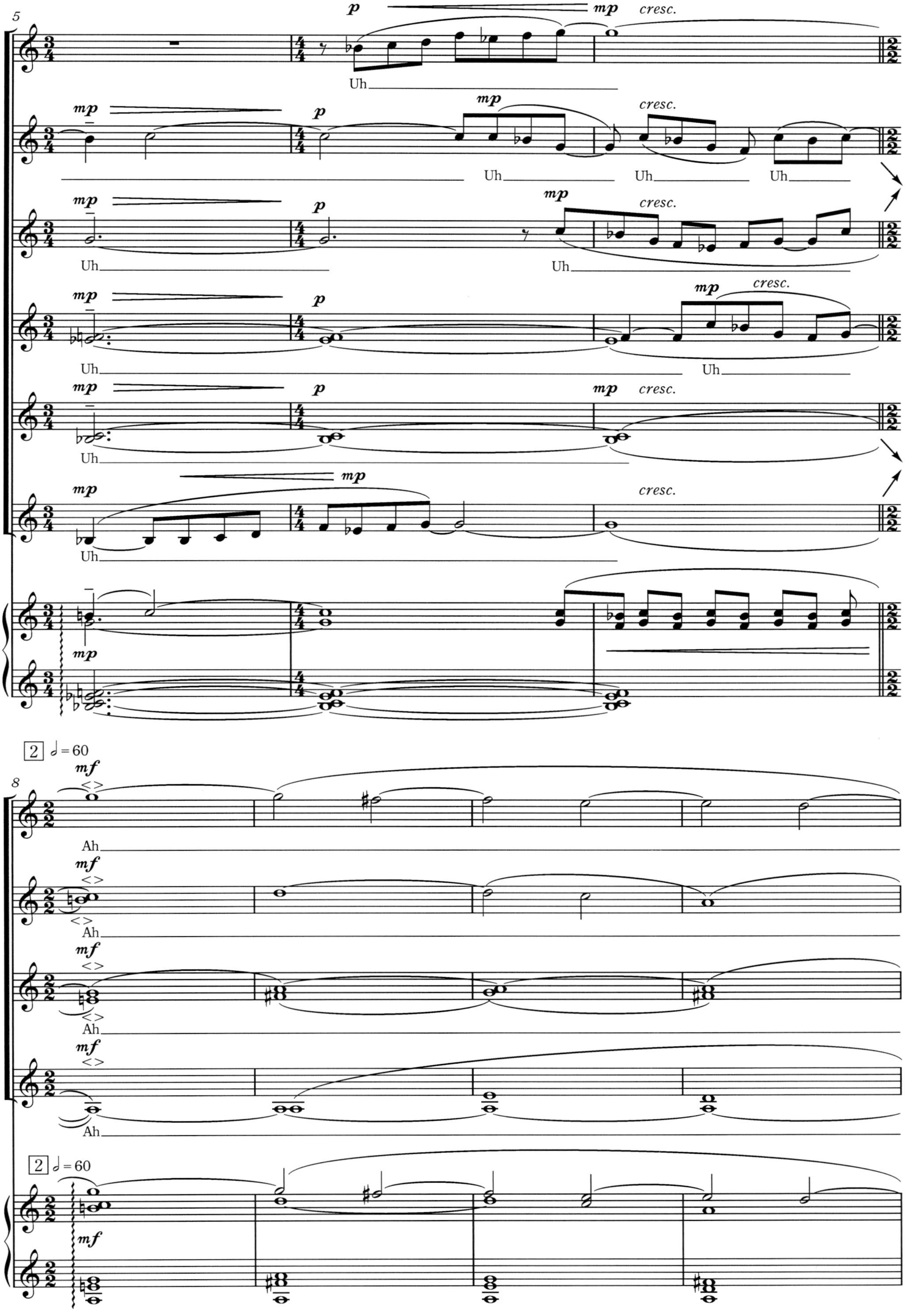
5
p
mp
cresc.
Uh
mf
Ah
2
= 60
8

12
pp
pp
17
3 ♩=72 ー出発点ー
p
し
うつくしいものを
うつくしいものを
し
うつくしいものを
ー
し
pp
Oh
p
うつくしいもの
Oh
3 ♩=72
p

21
cresc.
ん じ る ー こ と ー が い ち ば ん の は や み ち だ
ん じ る ー こ と が い ち ば ん の は や み ち だ
ん じ る ー こ と が い ち ば ん の は や み ち は や み ち
を (Oh)
Oh い ち ば ん の は や み ち だ
25 4
mf mp p poco
Ah う つ く し い も の を Ah し
う つ く し い も の を う つ く し い も の を ー し
だ Ah う つ く し い も の
Ah Ah Ah し

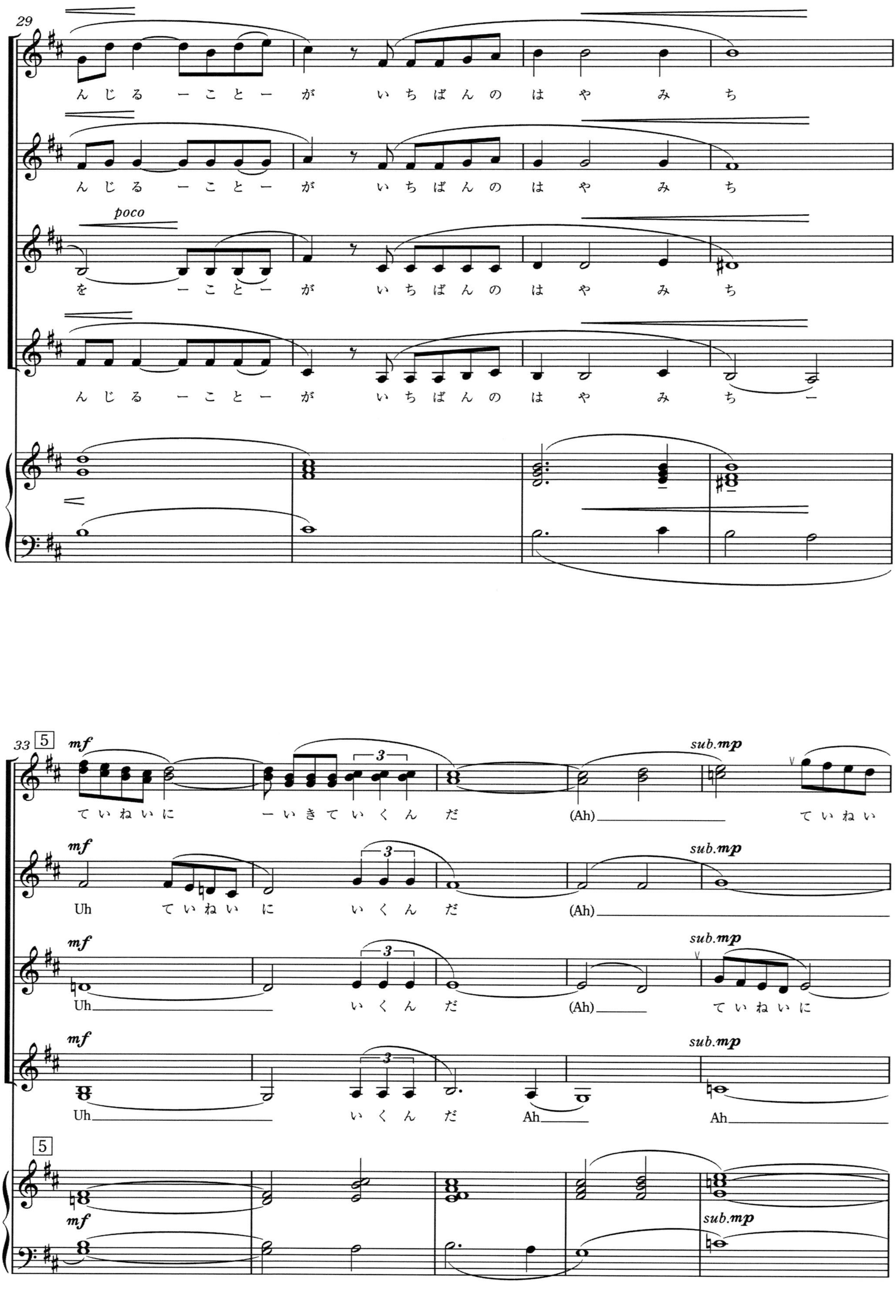
29
んじる ーことー が いちばんの はや み ち
んじる ーことー が いちばんの はや み ち
poco
を ーことー が いちばんの はや み ち
んじる ーことー が いちばんの はや み ち ー
33
5
mf
sub.mp
ていねいに ーいきていくんだ (Ah) ていねい
Uh ていねいに いくんだ (Ah)
Uh いくんだ (Ah) ていねいに
Uh いくんだ Ah Ah

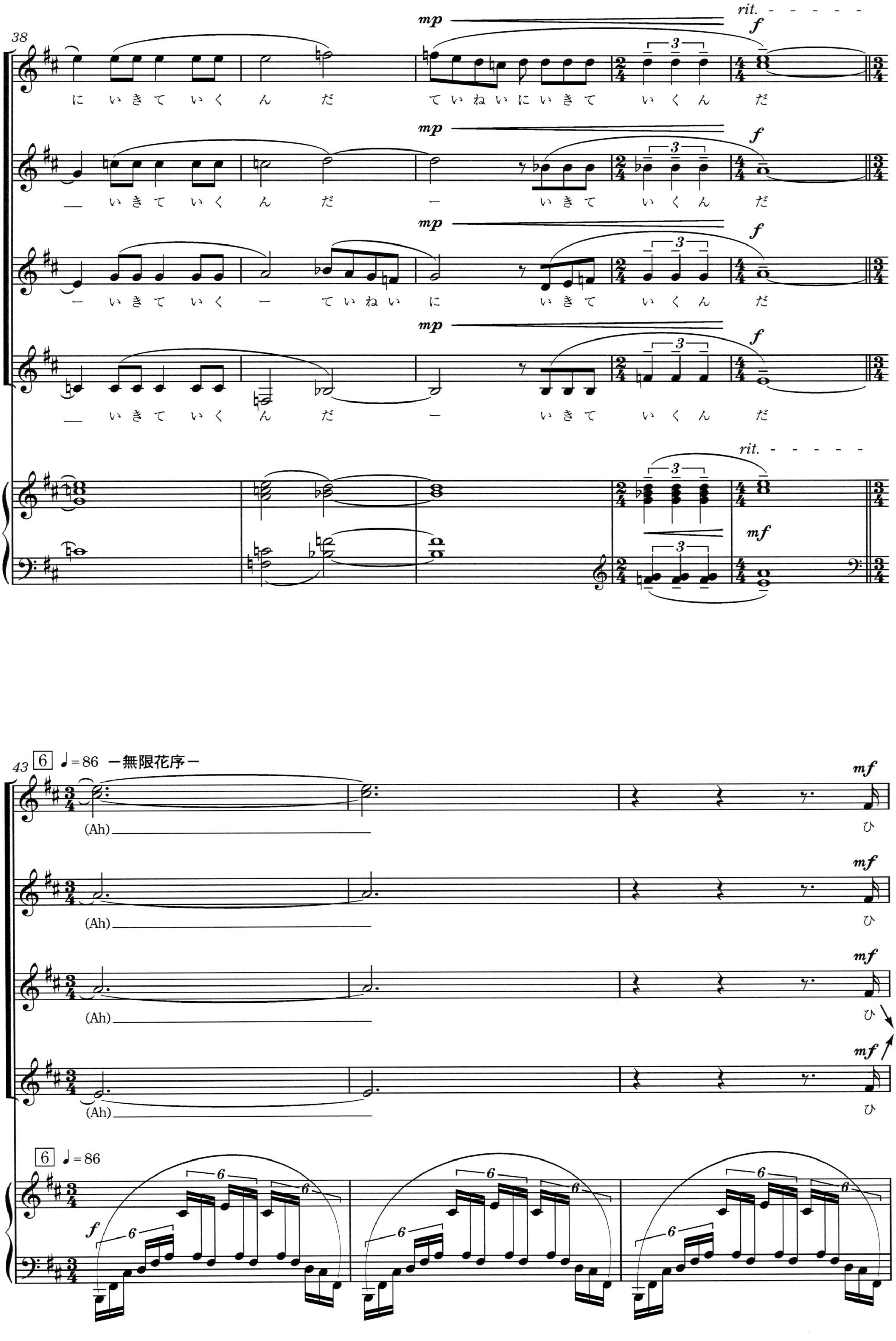
38
mp
rit.
f
に い き て い く ん だ て い ね い に い き て い く ん だ
mp
f
— い き て い く ん だ ー い き て い く ん だ
mp
f
ー い き て い く ー て い ね い に い き て い く ん だ
mp
f
— い き て い く ん だ ー い き て い く ん だ
rit.
mf
43
6 ♩=86 ー無限花序ー
(Ah)
mf
ひ
(Ah)
mf
ひ
(Ah)
mf
ひ
(Ah)
mf
ひ
6 ♩=86
f

46
mf
かりの なかに せつなのわを
mf
かりの なかに せつなのわを
mf
かりの なかに せつなのわを
mf
6
mf

49
sub. p
poco a poco cresc.
かさねー ここに こうしてあざみを みてい
sub. p
poco a poco cresc.
かさねー ここに こうしてあざみを みてい
sub. p
poco a poco cresc.
かさねー ここに こうしてあざみを みてい
poco a poco cresc.
6
sub. p

52
7
sub.mf
る　ー　わ　が　わ　と　な　り
sub.mf
る　ー　わ　が　わ　と　な　り
sub.mf
る　ー　わ　が　わ　と　な　り
7
sub.mf
6

55
く さ り と なっ て じ ぶ ん そ し て あ ざ み を し ば る ー
く さ り と なっ て じ ぶ ん そ し て あ ざ み を し ば る ー
く さ り と なっ て じ ぶ ん そ し て あ ざ み を し ば る ー
L.H.
6

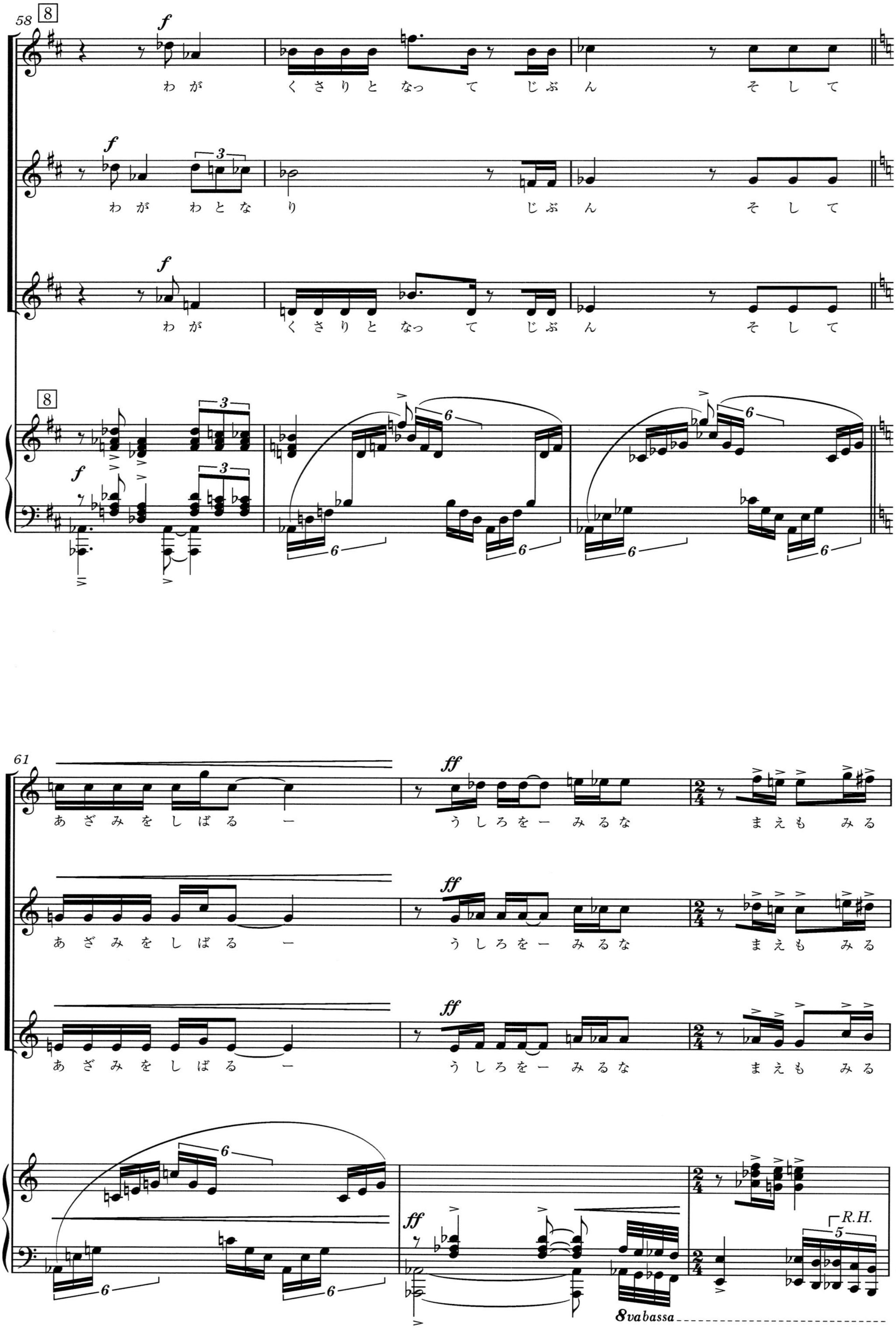
58
8
f
わ が
く さ り と なっ て じ ぶ ん
そ し て
f
わ が わ と な り
じ ぶ ん
そ し て
f
わ が
く さ り と なっ て じ ぶ ん
そ し て
8
f
3
6
61
あ ざ み を し ば る ー
ff
う し ろ を ー み る な
ま え も み る
あ ざ み を し ば る ー
ff
う し ろ を ー み る な
ま え も み る
あ ざ み を し ば る ー
ff
う し ろ を ー み る な
ま え も み る
ff
R.H.
5
8va bassa

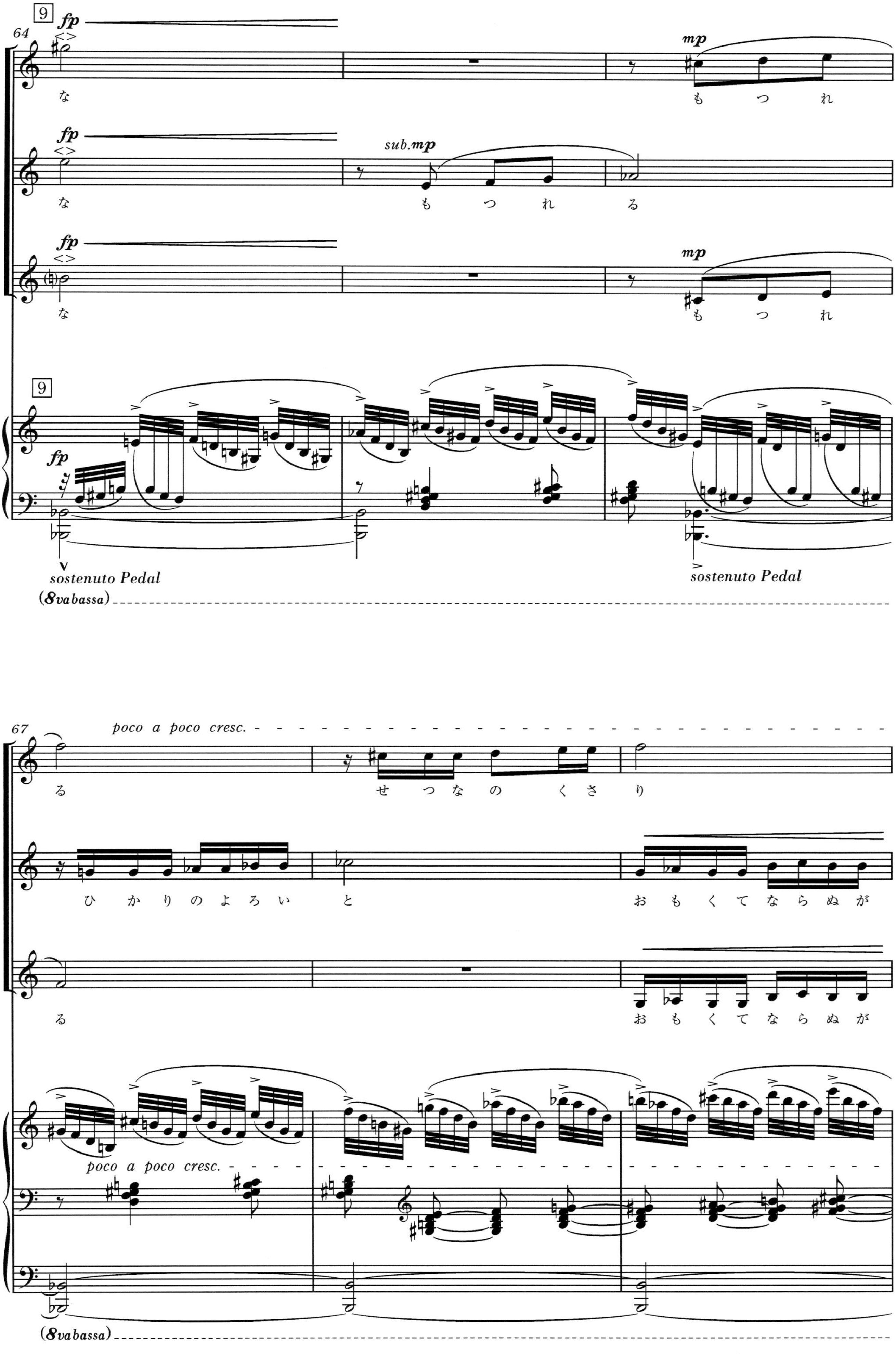
9
64
fp
な
mp
もつれ
sub.mp
もつれる
sostenuto Pedal
(8vabassa)
67
poco a poco cresc.
る
せつなのくさり
ひかりのよろいと
おもくてならぬが

70
f
3
あ る か ね ば な ら ぬ Uh
あ る か ね ば な ら ぬ Uh
あ る か ね ば な ら ぬ Uh
8va
(8va bassa)
73
rit.
(8va)
rit.

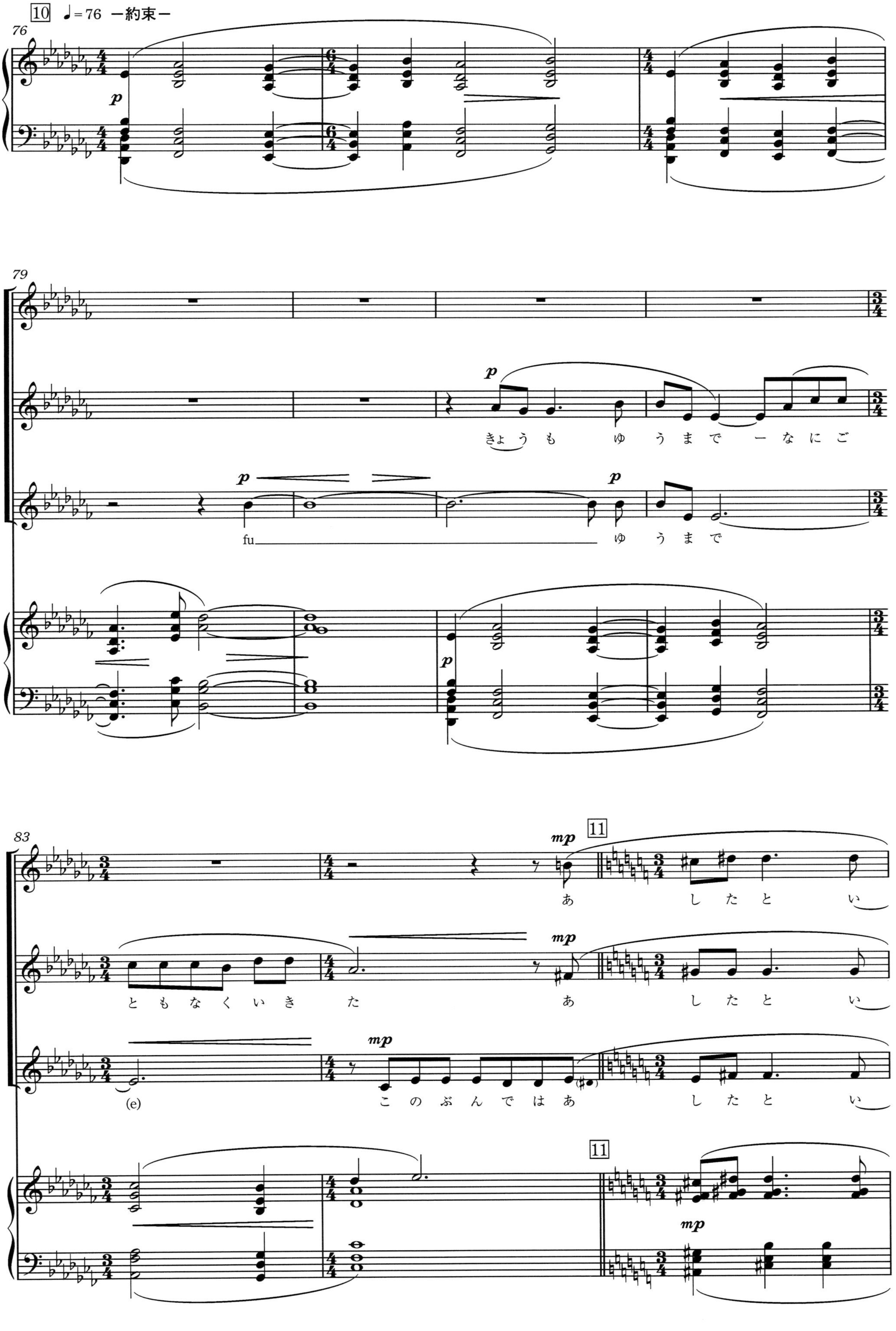
10 ♩=76 ー約束ー
76
79
きょ う も ゆ う ま で ー な に ご
fu ゆ う ま で
83
11
あ し た と い
と も な く い き た あ し た と い
(e) こ の ぶ ん で は あ し た と い
11

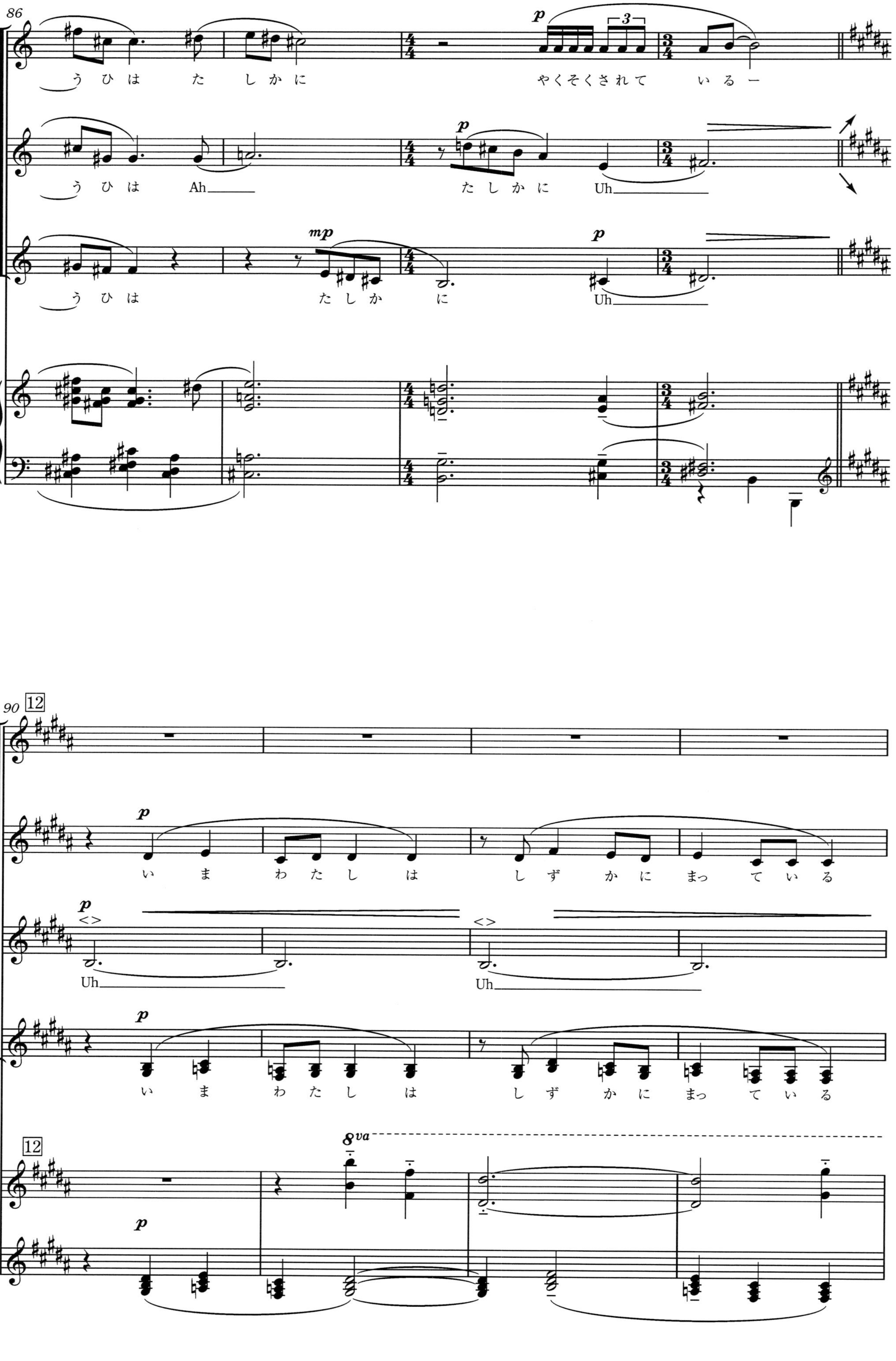
86
うひは たしかに やくそくされて いるー
うひは Ah たしかに Uh
うひは たしかに Uh
90
12
いま わたしは しずかに まっている
Uh Uh
いま わたしは しずかに まっている
12
8va

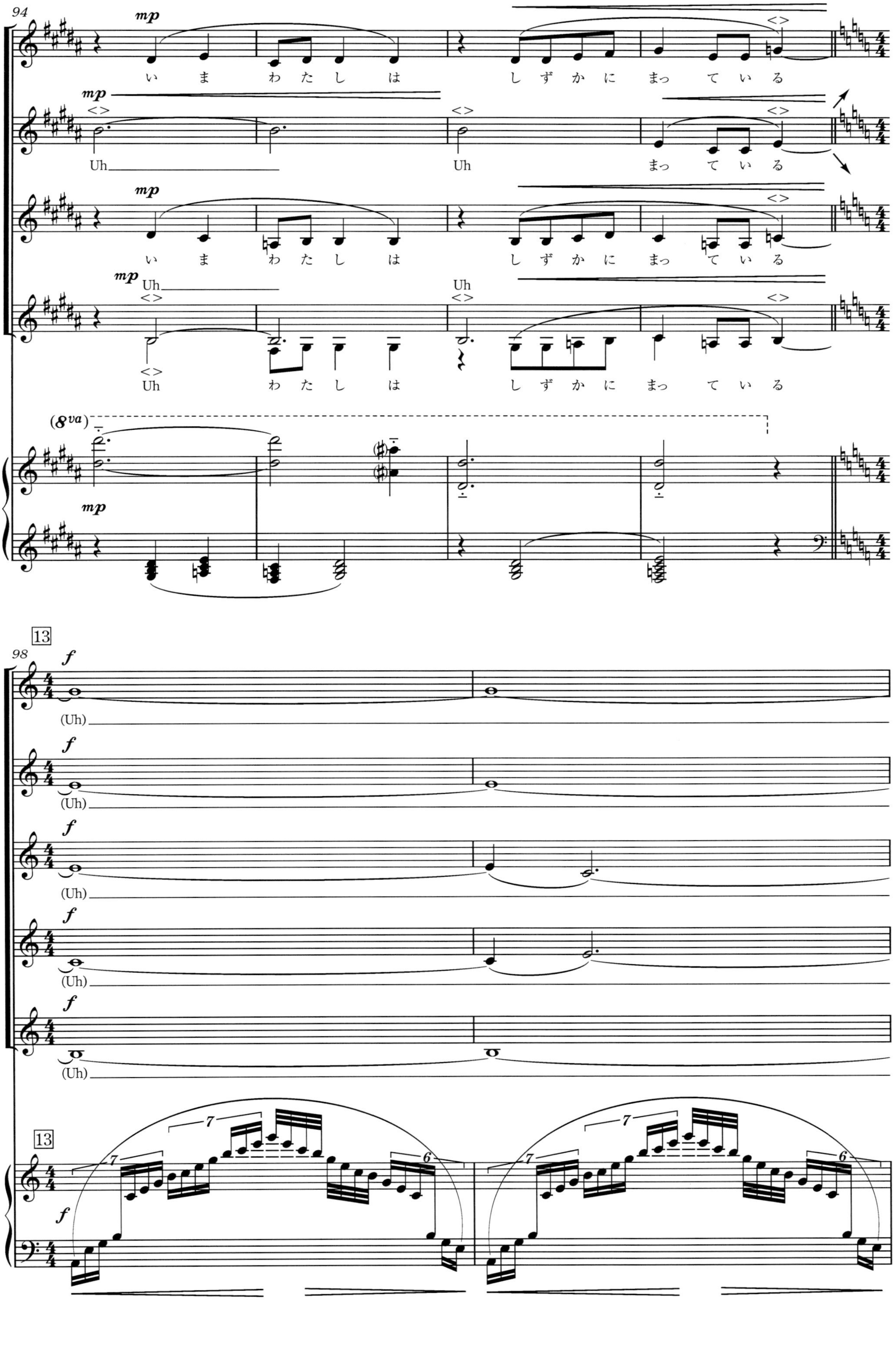
94
mp
い ま わ た し は し ず か に まっ て い る
Uh まっ て い る
Uh わ た し は し ず か に まっ て い る
(8va)
13
98
f
(Uh)

100
mp
Uh
mp
Uh
mp
Uh
mp Uh
mp (Uh)
mp Uh
mp Uh
7
7
6
mp
102
Uh
Uh
Uh
Uh
Uh
7
7
6
2/4

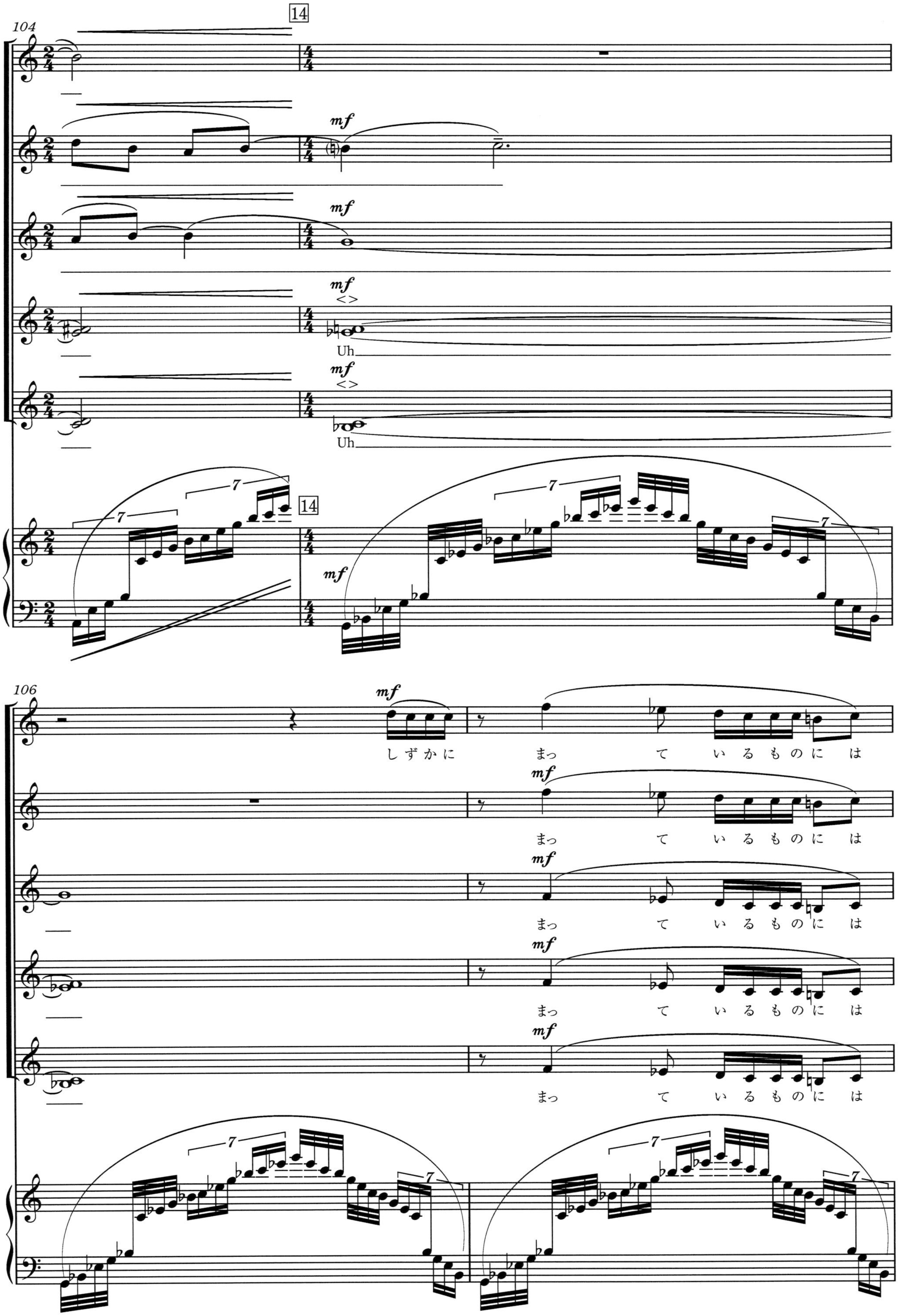
104
14
mf
Uh
7
106
しずかに
まっ て い る も の に は
まっ て い る も の に は
まっ て い る も の に は
まっ て い る も の に は
まっ て い る も の に は

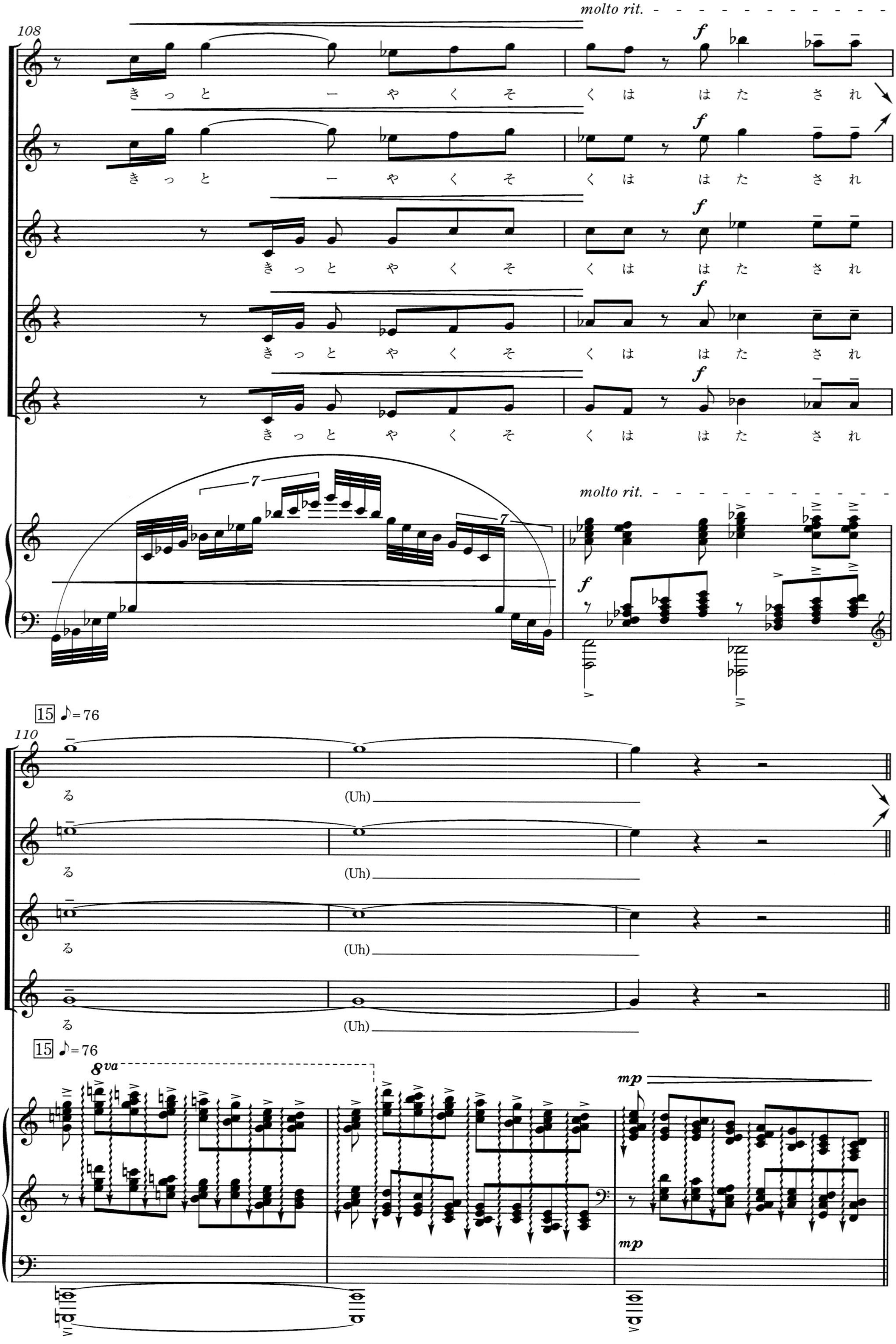
108
molto rit.
f
き っ と ー や く そ く は は た さ れ
き っ と ー や く そ く は は た さ れ
き っ と や く そ く は は た さ れ
き っ と や く そ く は は た さ れ
き っ と や く そ く は は た さ れ
7
7
molto rit.
f
15 ♪=76
110
る (Uh)
る (Uh)
る (Uh)
る (Uh)
15 ♪=76
8va
mp
mp

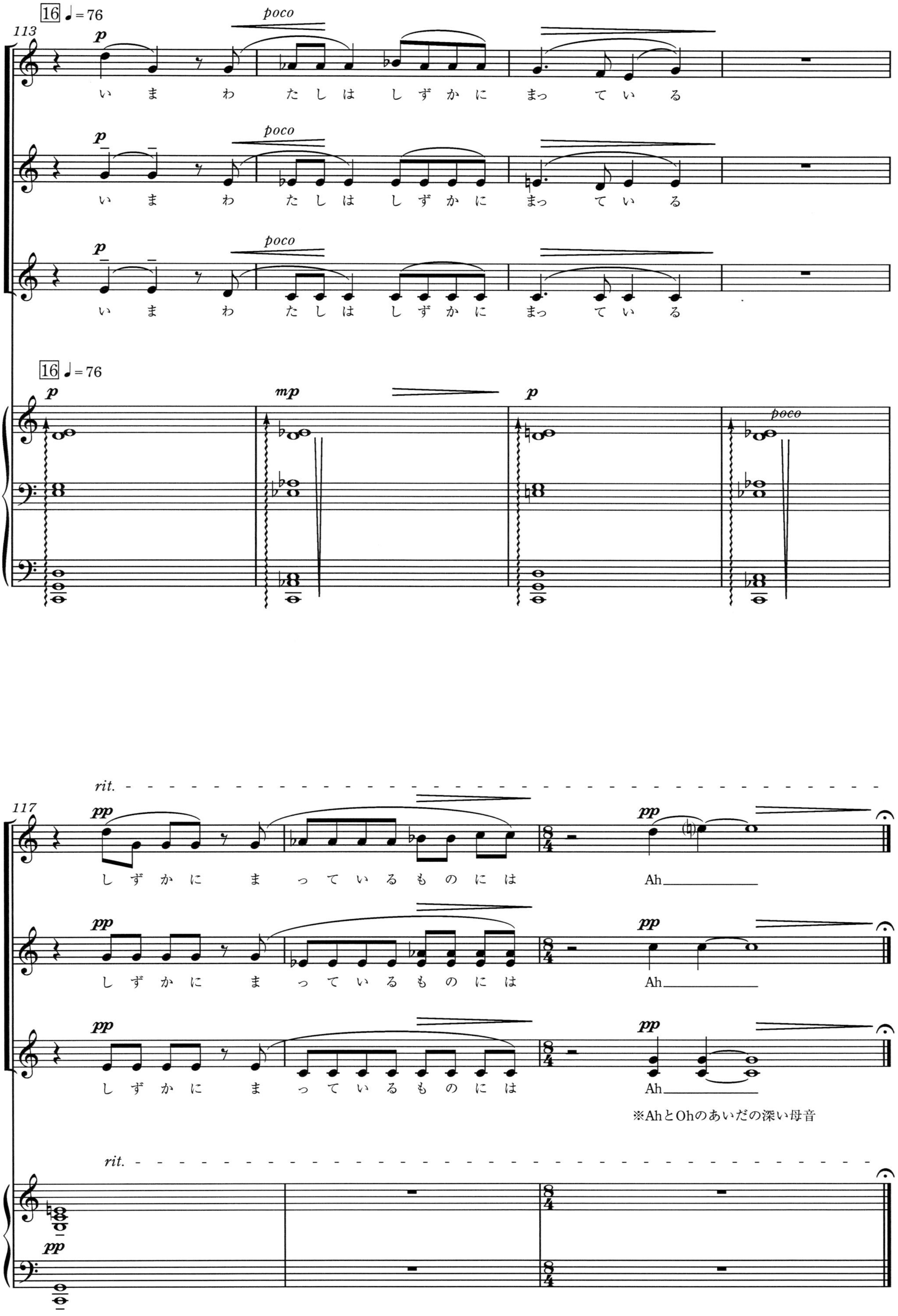
16 ♩=76
113
p
poco
い ま わ た し は し ず か に まっ て い る
い ま わ た し は し ず か に まっ て い る
い ま わ た し は し ず か に まっ て い る
16 ♩=76
p
mp
p
poco
rit.
117
pp
し ず か に ま っ て い る も の に は
Ah
し ず か に ま っ て い る も の に は
Ah
し ず か に ま っ て い る も の に は
Ah
※AhとOhのあいだの深い母音
rit.
pp

再生

野菊があたりまへに咲いてゐる
原つぱだが牛もゐない
寝ころんでみる
風が少しあるので
野菊がふるへてゐる
背中が冷たい
どくどくと地球の脈がする
嘘のないお陽さまが
僕を溶かしてしまひさうだ
なにもかもが僕の心をきいてゐる
野菊は咲いてゐるし
ここにこのまま埋まつてしまひ
来年の野菊には
僕がひいらいたひらいた

約束

(出発点)

美しいものを
信じることが、

いちばんの
早道だ。

ていねいに生きて
行くんだ。

(無限花序)

光のなかに
刹那の輪をかさね
ここにかうして
薊を見てゐる

輪が輪となり
鎖となつて
じぶん　そして
薊を縛る

うしろを見るな
まへも見るな
もつれる

光の鎧と　刹那の鎖
重くてならぬが
歩かねばならぬ

(約束)

今日も
夕まで
なにごともなく
生きた
この分では
明日といふ日は
たしかに
約束されてゐる
いま
私は静かに待つてゐる
静かに
待つてゐる者には
きつと
約束は果たされる

★五曲目の『約束』は、「出発点」「無限花序」「約束」の三つの詩から成っております。

約束

淵上毛錢

無門

風は、
きらひといふものが
ないのだらう。

道も
持つてゐないくせに、
何処へでも行き、
なんにでも触れて。

行つてしまつたあとは、
月がさしたり、雨が降つたり、
人間が泣いたりする。

風はなにやら
ぽかんとした、
痩せつぽちの
僕なんかを、
知りもしまい。

花が散つて、
垣のそとではこどもが、
あんたが家《へ》は何処さ、
肥後さ、
肥後の何処さと、
うたつてゐた。

野原

つまらないから
野原に来て見た
どうして
つまらないんだと
つまらないを
帽子にでも入れて
あの美しい
雲に
ぶら下げてみたら
雲は
おどろくだらう
そこで
おーい何つちへ行くんだと
叫んでみたら
なんだか
たのしくなつてきた

暮情

すりきれた

わら草履のうへに

雀が

寒く死んでゐた

ほそい足の泥が

固く乾いてゐた

そこは

急いで通つた

※作曲の際に、一部、詩を変更いたしております。

皆様へのお願い

楽譜や歌詞・音楽書などの出版物を権利者に無断で複製（コピー）することは、著作権の侵害（私的利用など特別な場合を除く）にあたり、著作権法により罰せられます。また、出版物からの不法なコピーが行われますと、出版社は正常な出版活動が困難となり、ついには皆様方が必要とされるものも出版できなくなります。
音楽出版社と日本音楽著作権協会（JASRAC）は、著作者の権利を守り、なおいっそう優れた作品の出版普及に全力をあげて努力してまいります。どうか不法コピーの防止に、皆様方のご協力をお願い申しあげます。

カ ワ イ 出 版
一般社団法人　日本音楽著作権協会

淵上毛錢の詩による女声合唱組曲 **約 束**　淵上毛錢《ふちがみもうせん》 作詩／瑞慶覧尚子《ずけらんなおこ》 作曲

●発行所＝カワイ出版（株式会社 全音楽譜出版社 カワイ出版部）
〒161-0034 東京都新宿区上落合 2-13-3　TEL 03-3227-6286 ／ FAX 03-3227-6296
出版情報 **http://editionkawai.jp**
●楽譜浄書＝ NHKビジネスクリエイト　●印刷・製本＝大日本印刷株式会社

ISBN978-4-7609-1676-4

2009 年 12 月 1 日　第 1 刷発行
2024 年 10 月 1 日　第 41 刷発行

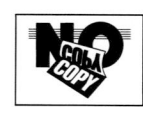